Impressum
Verlag: BABADADA GmbH, Nedderfeld 112 , 22529 Hamburg
Geschäftsführer / Verlagsleitung: Harald Hof
Druck: Books on Demand GmbH, In de Tarpen 42, 22848 Norderstedt

Imprint
Publisher: BABADADA GmbH, Nedderfeld 112 , 22529 Hamburg, Germany
Managing Director / Publishing direction: Harald Hof
Print: Books on Demand GmbH, In de Tarpen 42, 22848 Norderstedt, Germany

škola
escola

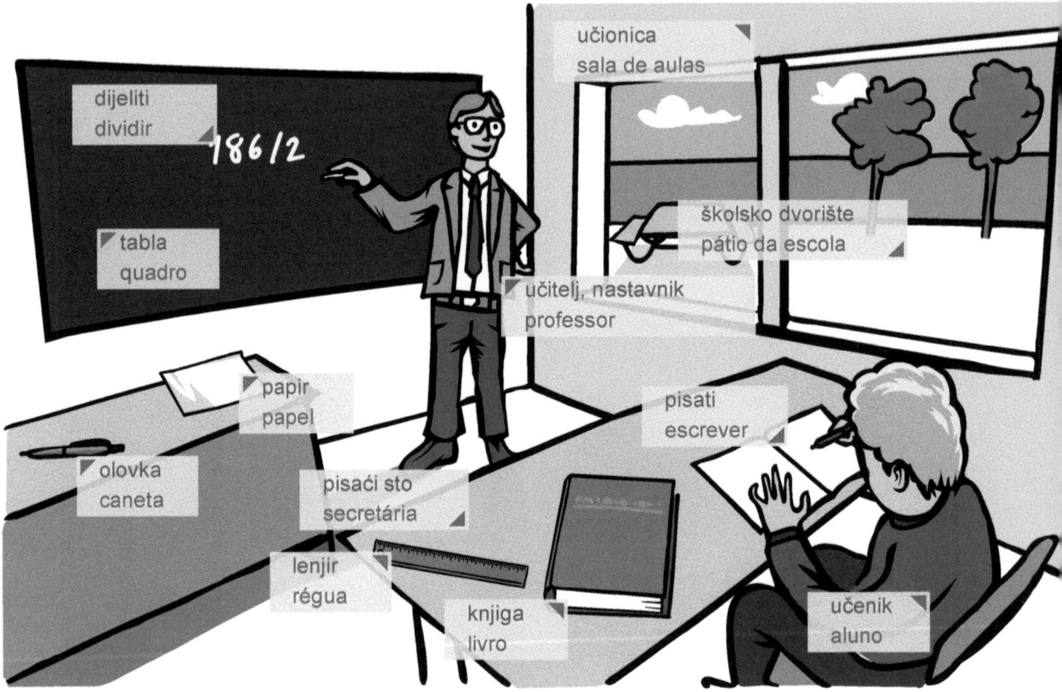

učionica
sala de aulas
dijeliti
dividir
186/2
tabla
quadro
školsko dvorište
pátio da escola
učitelj, nastavnik
professor
papir
papel
pisati
escrever
olovka
caneta
pisaći sto
secretária
lenjir
régua
knjiga
livro
učenik
aluno

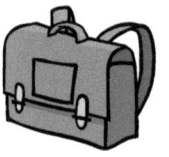

torba
mochila

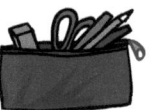

pernica
estojo de lápis

drvena olovka
lápis

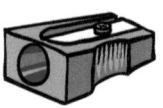

šiljalo za olovke
afia-lápis

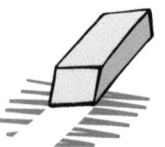

gumica
borracha

blok za crtanje
bloco de desenho

crtež

desenho

kist

pincel

kutija s bojama

caixa de tintas

makaze

tesoura

ljepilo

cola

vježbanka

livro de exercícios

domaća zadaća

trabalhos de casa

broj

número

sabirati

somar

oduzimati

subtrair

množiti

multiplicar

računati

calcular

slovo

letra

abeceda

alfabeto

riječ

palavra

tekst

texto

čitati

ler

kreda

giz

sat

hora

školski dnevnik

registo de presenças

ispit

exame

svjedočanstvo

certificado

školska uniforma

uniforme escolar

izobrazba

educação

leksikon

enciclopédia

univerzitet

universidade

mikroskop

microscópio

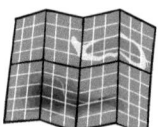

karta

mapa

korpa za papir

cesto de lixo

putovanje
viagem

hotel
hotel
Grand
hostel
hostel
ROOMS
mjenjačnica
casa de câmbio
EXCHANGE
kofer
mala
auto
carro

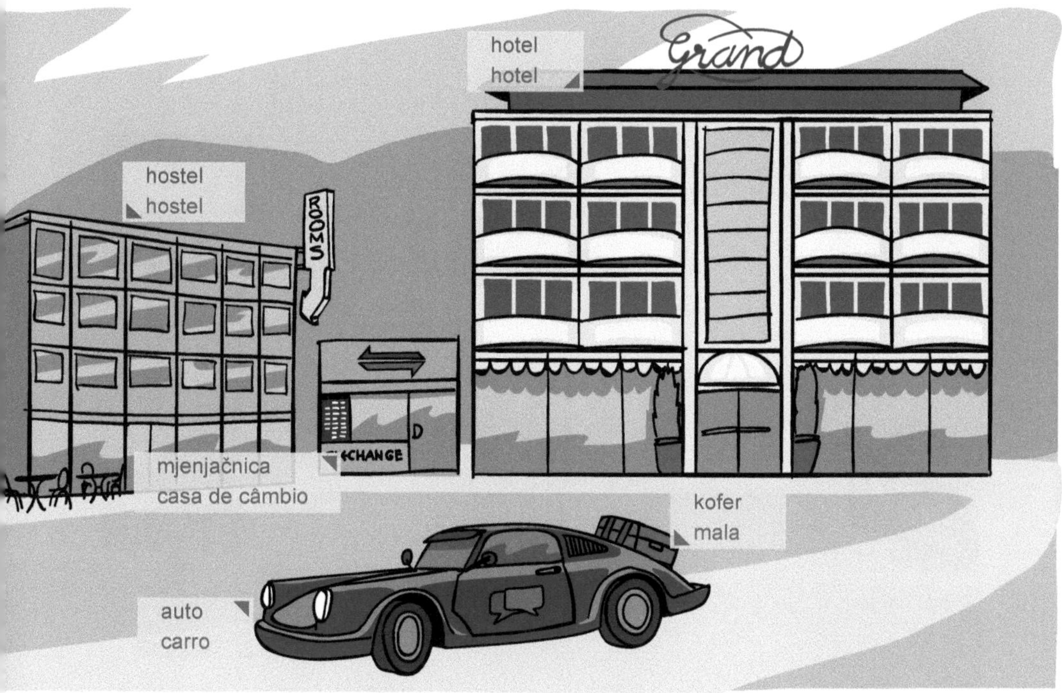

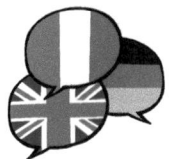

jezik

idioma

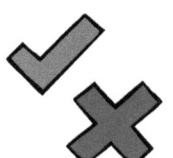

da / ne

sim / não

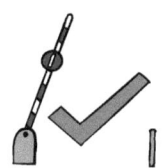

okej

ok / certo / correto

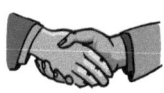

zdravo

olá

tumač

intérprete

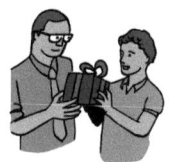

hvala

obrigado

Koliko košta...?

quanto é que custa... ?

Ne razumijem

não entendo

problem

problema

dobro veče!

boa noite!

Dobro jutro!

Bom dia!

Laku noć!

Boa noite!

doviđenja

adeus

smjer

direção

prtljag

bagagem

torba

saco

ruksak

mochila

gost

convidado

soba

quarto

vreća za spavanje

saco-cama

šator

tenda

turističke informacije

informação turística

plaža

praia

kreditna kartica

cartão de crédito

doručak

pequeno-almoço

ručak

almoço

večera

jantar

putna karta

bilhete

lift

elevador

poštanska markica

selo postal

granica

fronteira

carina

alfândega

ambasada

embaixada

viza

visto

pasoš

passaporte

transport
transporte

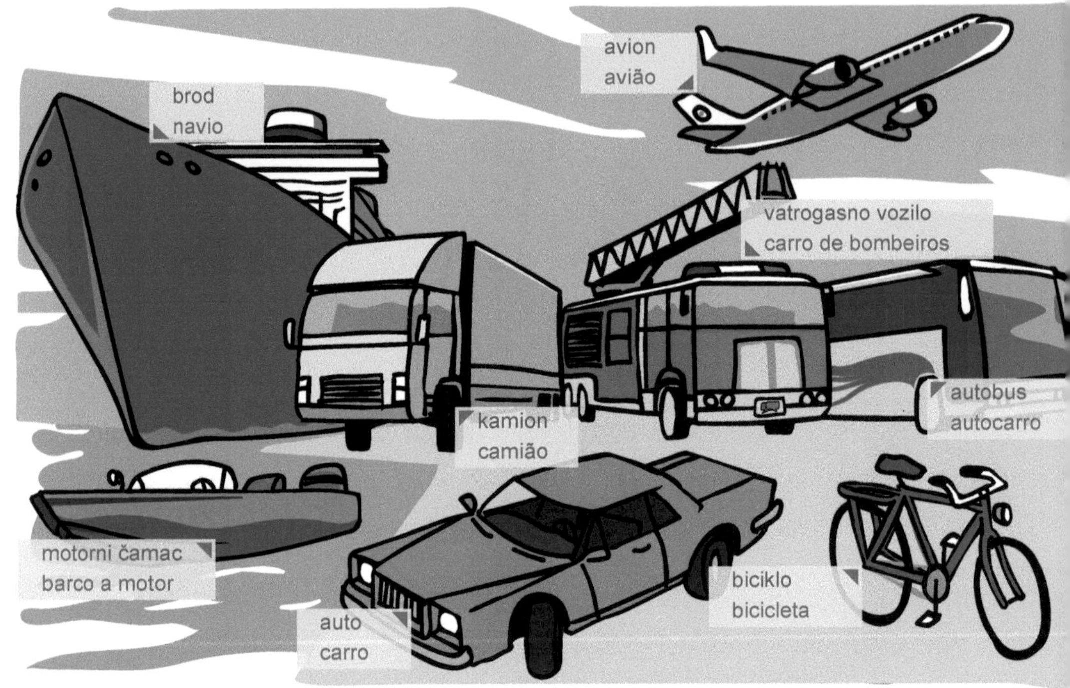

avion
avião

brod
navio

vatrogasno vozilo
carro de bombeiros

autobus
autocarro

kamion
camião

motorni čamac
barco a motor

biciklo
bicicleta

auto
carro

trajekt
cacilheiro

brod
barco

motocikl
mota

policijski automobil
carro de polícia

trkaći automobil
carro de corrida

unajmljeni automobil
carro alugado

kar-šering

carsharing

pauk

camião de reboque

smećarsko vozilo

camião do lixo

motor

motor

gorivo

combustível

benzinska pumpa

estação de serviço

saobraćajni znak

sinal de trânsito

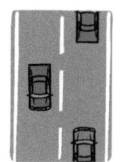

saobraćaj

trânsito

zastoj

congestionamento de
trânsito

parking

parque de estacionamento

željeznička stanica

estação ferroviária

šine

carris

voz

comboio

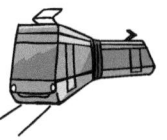

tramvaj

elétrico

vagon

carruagem

transport - transporte

helikopter

helicóptero

aerodrom

aeroporto

toranj

torre

putnik

passageiro

kontejner

contentor

karton

caixa de papelão

tačke

carrinho

korpa

cesto

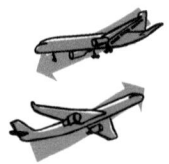

poletjeti / sletjeti

levantar voo / aterrar

grad

cidade

selo

aldeia

centar grada

centro da cidade

kuća

casa

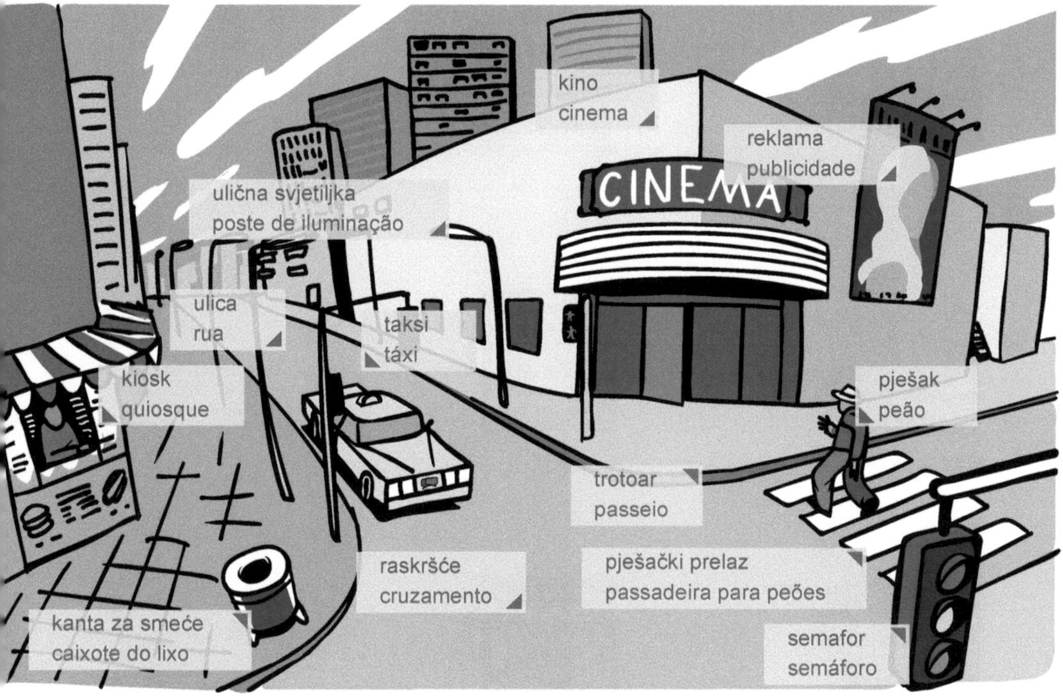

kino
cinema

reklama
publicidade

ulična svjetiljka
poste de iluminação

ulica
rua

taksi
táxi

CINEMA

kiosk
quiosque

pješak
peão

trotoar
passeio

raskršće
cruzamento

pješački prelaz
passadeira para peões

kanta za smeće
caixote do lixo

semafor
semáforo

koliba

cabana

stan

apartamento

željeznička stanica

estação ferroviária

vjećnica

câmara municipal

muzej

museu

škola

escola

univerzitet

universidade

banka

banco

bolnica

hospital

hotel

hotel

apoteka

farmácia

ured

escritório

knjižara

livraria

radnja

loja

cvjećara

florista

supermarket

supermercado

pijaca

mercado

robna kuća

loja de departamentos

prodavač ribe

peixaria

trgovački centar

centro comercial

luka

porto

park

parque

klupa

banco

most

ponte

stepenice

escadas

podzemna željeznica

metro

tunel

túnel

autobuska stanica

paragem de autocarro

bar

bar

restoran

restaurante

poštanski sandučić

caixa de correio

saobraćajni znak

sinal de trânsito

sat za naplatu parkinga

parquímetro

zološki vrt

jardim zoológico

bazen

piscina

džamija

mesquita

seosko imanje

quinta

zagađenje okoline

poluição

groblje

cemitério

crkva

igreja

igralište

parque infantil

hram

templo

krajolik

paisagem

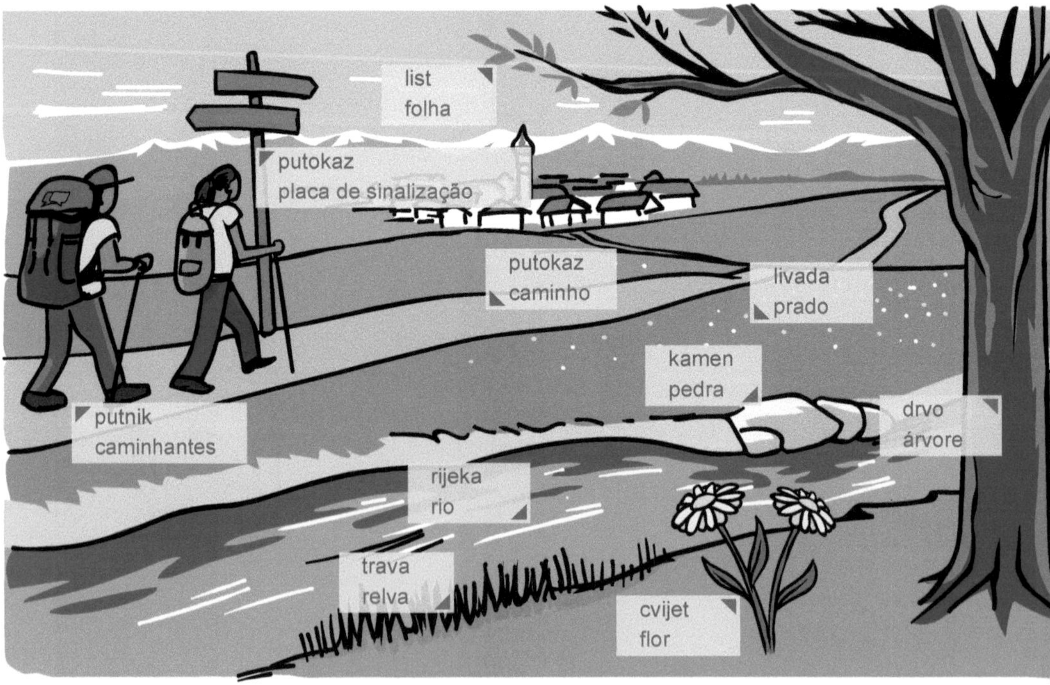

list
folha

putokaz
placa de sinalização

putokaz
caminho

livada
prado

kamen
pedra

putnik
caminhantes

drvo
árvore

rijeka
rio

trava
relva

cvijet
flor

dolina

vale

brdo

montanha

jezero

lago

šuma

floresta

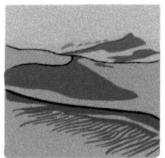

pustinja

deserto

vulkan

vulcão

dvorac

castelo

duga

arco-íris

gljiva

cogumelo

palma

palma

komarac

mosquito

muha

mosca

mrav

formiga

pčela

abelha

pauk

aranha

buba
besouro

žaba
sapo

vjeverica
esquilo

jež
ouriço

zec
lebre

sova
coruja

ptica
pássaro

labud
cisne

divlja svinja
javali

jelen
veado

los
alce

brana
barragem

vjetrenjača
turbina eólica

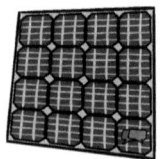

solarni modul
painel solar

klima
clima

restoran
restaurante

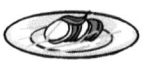

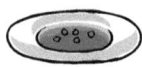

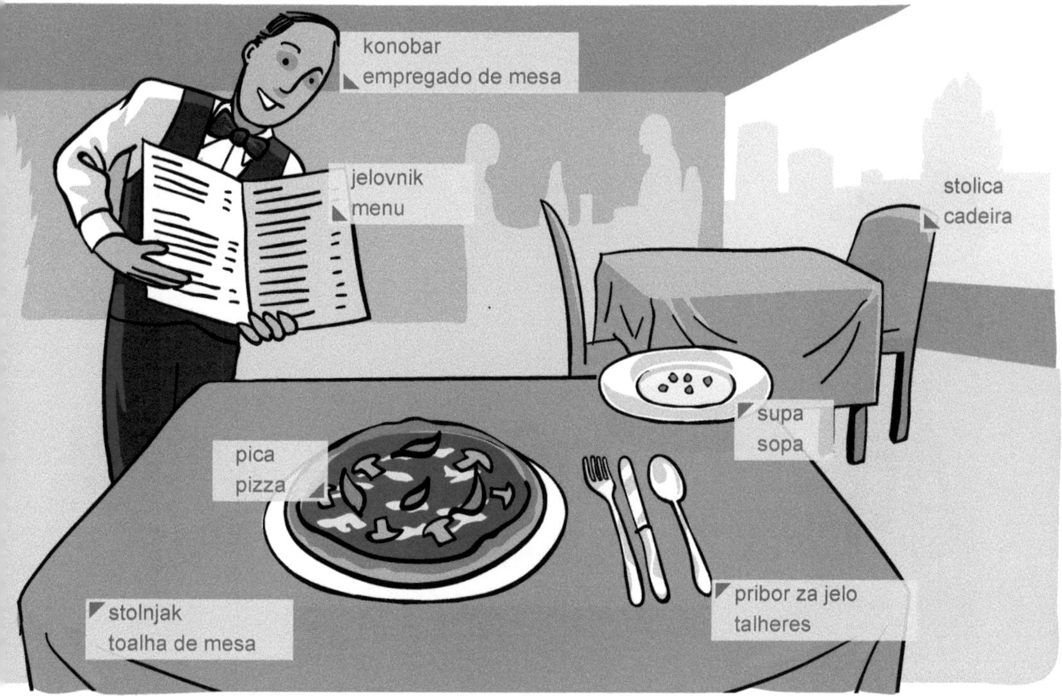
konobar
empregado de mesa
jelovnik
menu
stolica
cadeira
supa
sopa
pica
pizza
pribor za jelo
talheres
stolnjak
toalha de mesa

predjelo

entrada

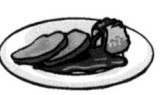

glavno jelo

prato principal

desert

sobremesa

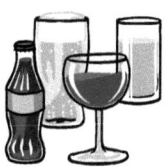

piće

bebidas

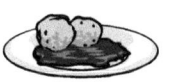

jelo

comida

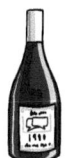

flaša

garrafa

brza hrana

fast food

jelo sa ulice

comida de rua

čajnik

bule de chá

šećernica

açucareiro

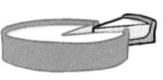

porcija

porção

mašina za espreso

máquina de café expresso

barska stolica

cadeira alta

račun

conta

tacna

bandeja

nož

faca

viljuška

garfo

kašika

colher

kašičica

colher de chá

salveta

guardanapo

čaša

copo

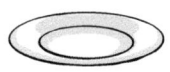

tanjir

prato

tanjir za supu

prato de sopa

tanjurić

pires

sos

molho

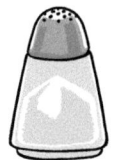

solanik

saleiro

mlin za biber

moinho de pimenta

sirće

vinagre

ulje

óleo

začini

especiarias

kečap

ketchup

senf

mostarda

majoneza

maionese

supermarket
supermercado

ponuda
oferta especial
FOR
klijent
cliente
mliječni proizvodi
laticínios
voće
fruta
kolica za kupovinu
carrinho de compras

BUTCHERS

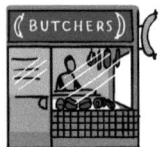

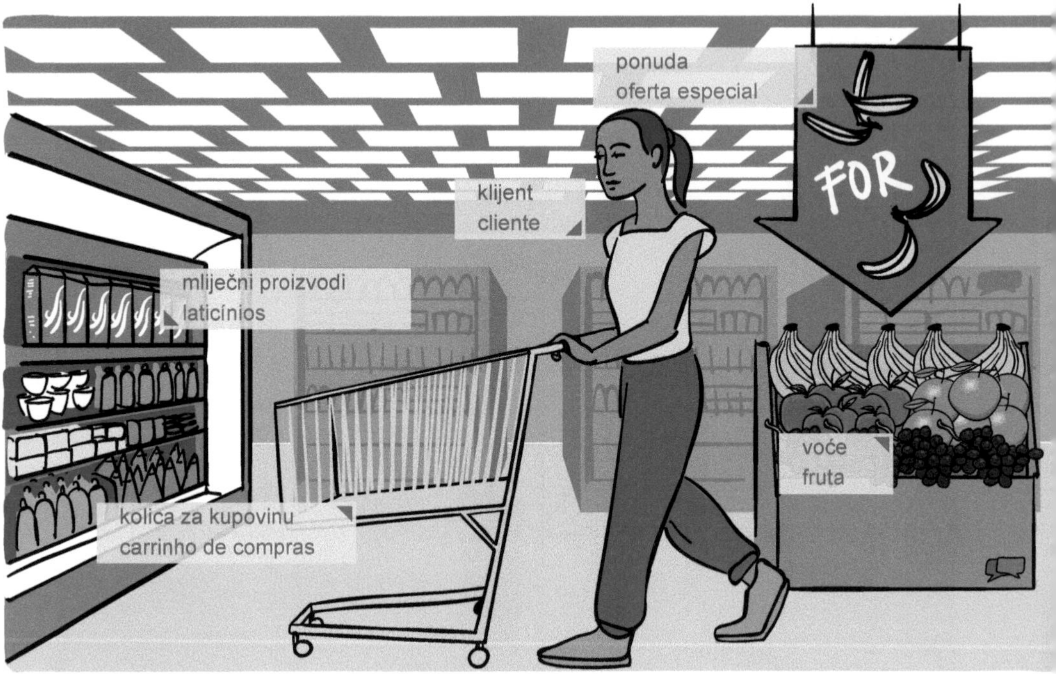

mesnica- klaonica

talho

BAKERY

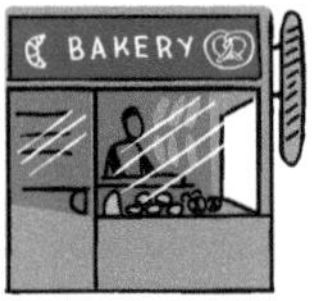

pekara

padaria

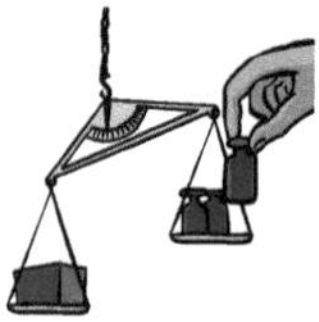

vagati

pesar

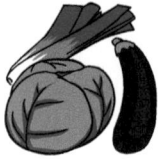

povrće

vegetais

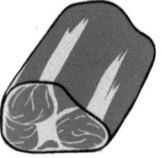

meso

carne

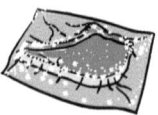

zaleđena hrana

alimentos congelados

narezak

charcutaria

konzerve

comida enlatada

prašak za veš

detergente em pó

slatkiši

doces

kućanski proizvodi

artigos domésticos

sredstvo za čišćenje

produtos de limpeza

prodavačica

vendedora

kasa

caixa

blagajnik

caixa

lista za kupovinu

lista de compras

radno vrijeme

horário de funcionamento

novčanik

carteira

kreditna kartica

cartão de crédito

torba

saco

najlonska vrećica

saco de plástico

voda

água

sok

sumo

mlijeko

leite

kola

coca-cola

vino

vinho

pivo

cerveja

alkohol

álcool

kakao

cacau

čaj

chá

kafa

café

espreso

café expresso

kapućino

capuccino

banana

banana

jabuka

maçã

narandža

laranja

lubenica

melão

limun

limão

mrkva

cenoura

bijeli luk

alho

bambus

bambu

crveni luk

cebola

gljiva

cogumelo

orašasti plodovi

nozes

pasta

talharim

špagete

esparguete

riža

arroz

salata

salada

pomfrit

batatas fritas

pečeni krompir

batatas fritas

pica

pizza

hamburger

hambúrguer

sendvič

sanduíche

šnicla

bife panado

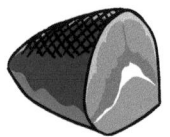

šunka

fiambre

kobasica

salame

kobasica

salsicha

kokoš

galinha

pečenje

assado

riba

peixe

zobene pahuljice

flocos de aveia

muzli

muesli

kornfleks

flocos de milho

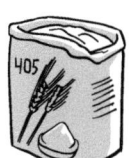

brašno

farinha

kroason

croissant

zemičke

carcaça (pãozinho)

kruh

pão

tost

torrada

keksi

biscoitos

maslac

manteiga

svježi sir

requeijão

kolač

bolo

jaje

ovo

jaje na oko

ovo estrelado

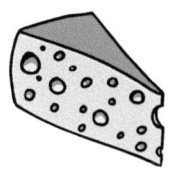

sir

queijo

sladoled
gelado

šećer
açúcar

med
mel

marmelada
compota

nugat krema
creme de nougat

kuri
caril

jelo - comida

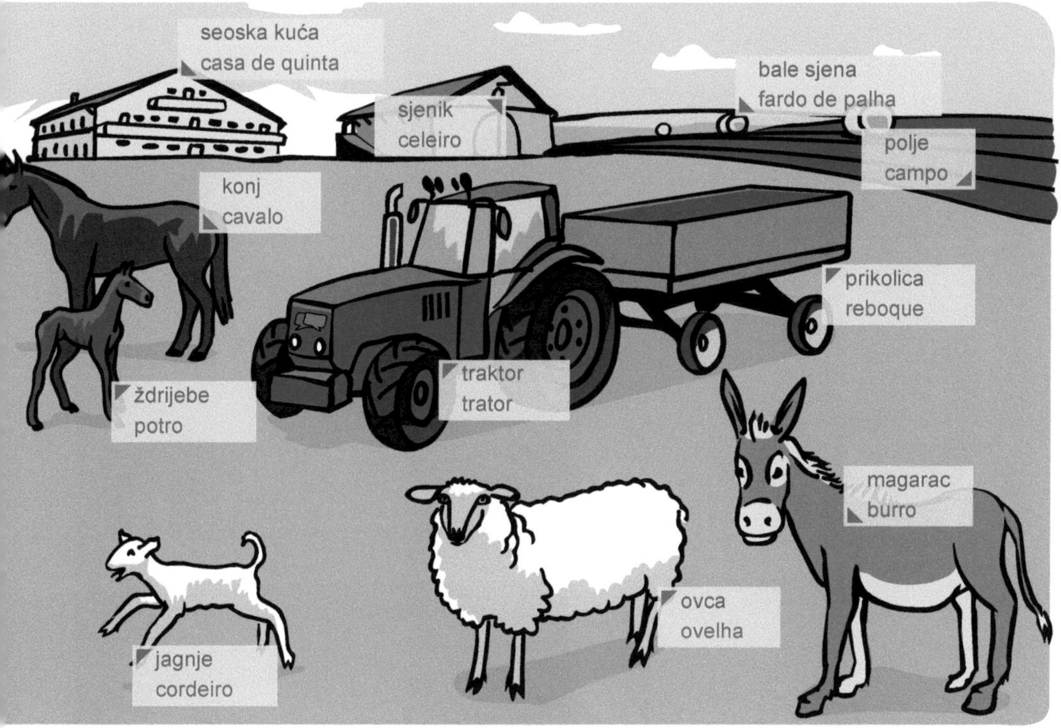

seoska kuća
casa de quinta

sjenik
celeiro

bale sjena
fardo de palha

polje
campo

konj
cavalo

prikolica
reboque

ždrijebe
potro

traktor
trator

magarac
burro

jagnje
cordeiro

ovca
ovelha

koza
cabra

krava
vaca

tele
bezerro

svinja
porco

prase
leitão

bik
touro

guska

ganso

patka

pato

pile

pintaínho

kokoška

galinha

pjetao

galo

pacov

ratazana

mačka

gato

miš

rato

vol

boi

pas

cão

pseća kućica

casota

crijevo za baštu

mangueira de jardim

kanta za zalijevanje

regador

kosa

foice

plug

arado

srp

foice

motika

enxada

vile

forquilha

sjekira

machado

tačke

carrinho de mão

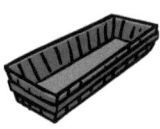

korito

manjedoura

bokal za mlijeko

jarro de leite

vreća

saco

ograda

cerca

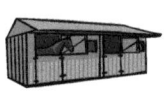

štala

estábulo

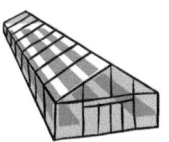

staklenik

estufa

tlo

solo

sjeme

semente

đubrivo

fertilizante

kombajn

ceifeira-debulhadora

kositi
....
colher

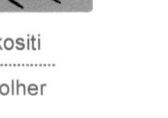

žetva
....
colheita

jam korijen
....
inhame

pšenica
....
trigo

soja
....
soja

krompir
....
batata

kukuruz
....
milho

uljana repica
....
colza

drvo voća
....
árvore de fruto

manioka
....
mandioca

žito
....
cereais

kuća
casa

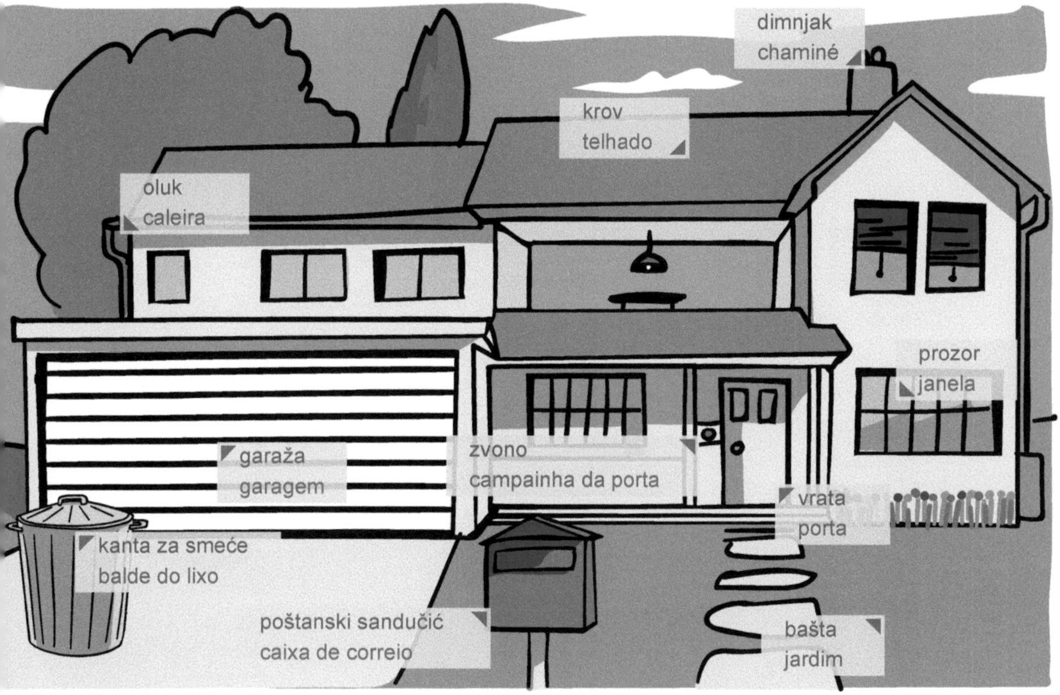
dimnjak
chaminé
krov
telhado
oluk
caleira
prozor
janela
garaža
garagem
zvono
campainha da porta
vrata
porta
kanta za smeće
balde do lixo
poštanski sandučić
caixa de correio
bašta
jardim

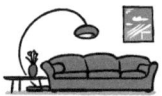

dnevni boravak

sala de estar

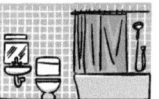

kupatilo

casa de banho

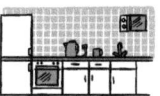

kuhinja

cozinha

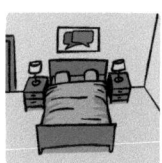

spavaća soba

quarto de dormir

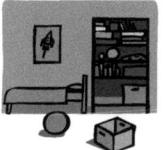

dječija soba

quarto de criança

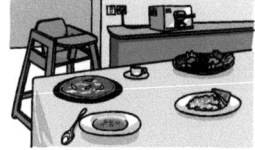

trpezarija

sala de jantar

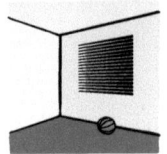

pod, tlo

chão

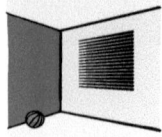

zid

parede

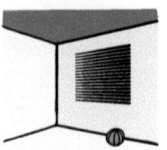

plafon

teto

podrum

cave

sauna

sauna

balkon

varanda

terasa

terraço

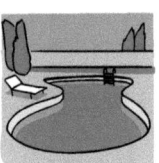

bazen

piscina

kosilica

máquina de cortar relvado

posteljina

lençol

pokrivač

cobertor

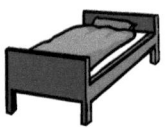

krevet

cama

metla

vassoura

kanta

balde

prekidač

interruptor

dnevni boravak
sala de estar

tapeta
papel de parede
fotografija
imagem
lampa
lâmpada
polica
prateleira
ormar
armário
televizija
televisão
dimnjak
lareira
cvijet
flor
jastuk
almofada
kauč
sofá
vaza
vaso
daljinski upravljač
controlo remoto

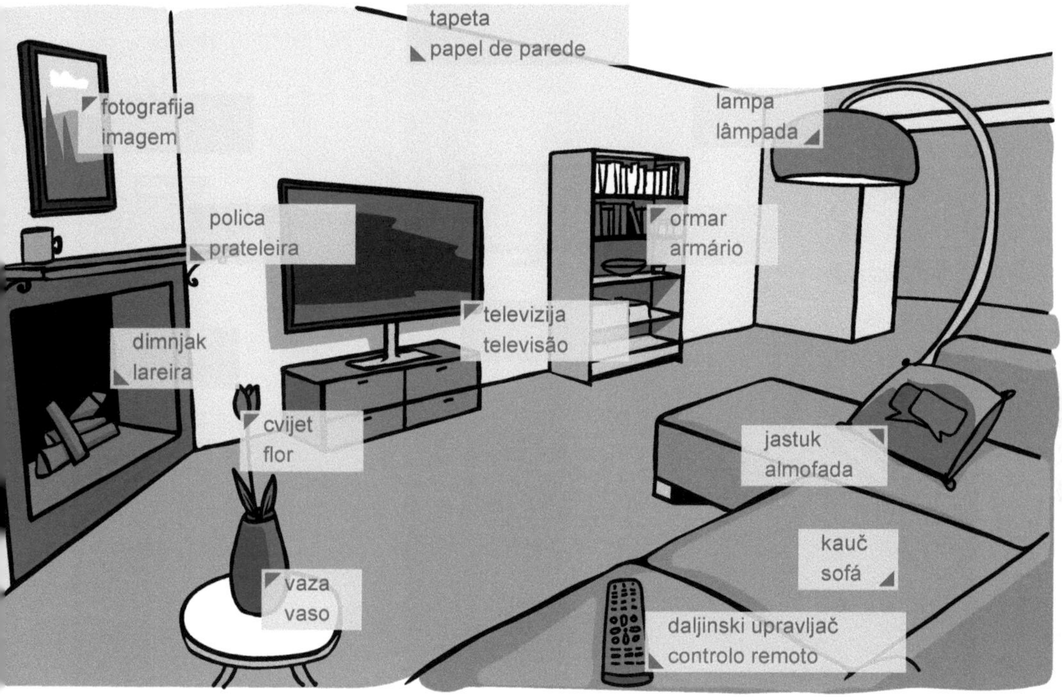

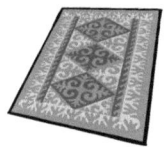

tepih
tapete

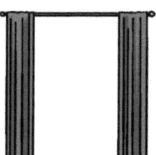

zavjesa
cortina

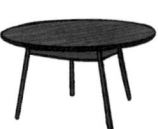

stol
mesa

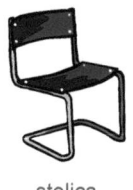

stolica
cadeira

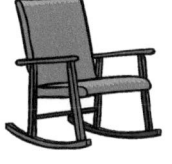

stolica za ljuljanje
cadeira de baloiço

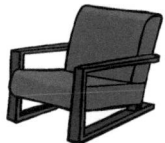

fotelja
poltrona

knjiga

livro

deka

cobertor

dekoracija

decoração

ložno drvo

lenha

film

filme

stereo uređaj

sistema estéreo

ključ

chave

novine

jornal

umjetnička slika

pintura

poster

póster

radio

rádio

blok za bilješke

bloco de notas

usisavač

aspirador

kaktus

cato

svijeća

vela

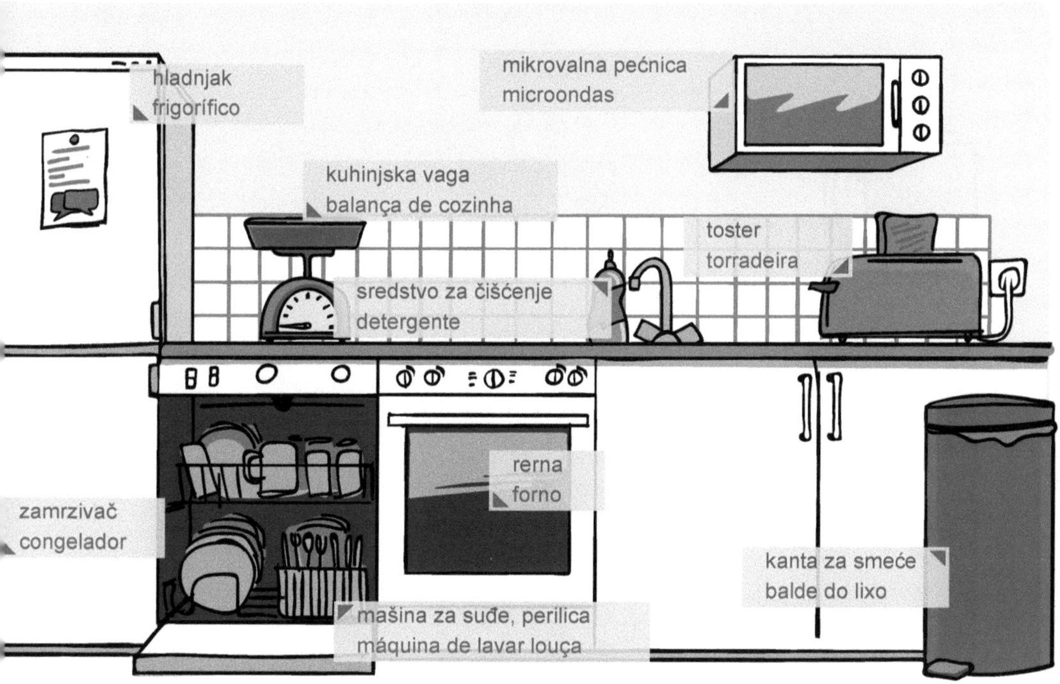

hladnjak
frigorífico

mikrovalna pećnica
microondas

kuhinjska vaga
balança de cozinha

toster
torradeira

sredstvo za čišćenje
detergente

zamrzivač
congelador

rerna
forno

kanta za smeće
balde do lixo

mašina za suđe, perilica
máquina de lavar louça

peć
fogão

lonac
panela

metalni lonac
panela de ferro

vok / kadai
wok / kadai

tava, tiganj
frigideira

kuhalo
chaleira

aparat za kuhanje na pari

panela a vapor

lim za pečenje

tabuleiro de forno

posuđe

louça

šalica

caneca

činija

tigela

kineski štapići

pauzinhos

kutlača

concha de sopa

lopatica

espátula

metlica za snijeg bjelanjca

batedor de claras

sito za kuhanje

escorredor

sito

peneira

ribež

ralador

avan s tučkom

almofariz

roštilj

churrasqueira

ložište

lareira

kuhinja - cozinha

daska

tábua de cortar

oklagija

rolo da massa

vadičep

saca-rolhas

konzerva

lata

otvarač za konzerve

abridor de latas

krpe za lonac

luvas de forno

sudoper

lava-loiça

četka

escova

spužva

esponja

mikser

liquidificador

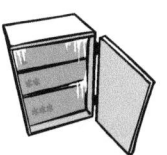

zamrzivač

arca frigorífica

flašica za bebu

biberão

slavina

torneira

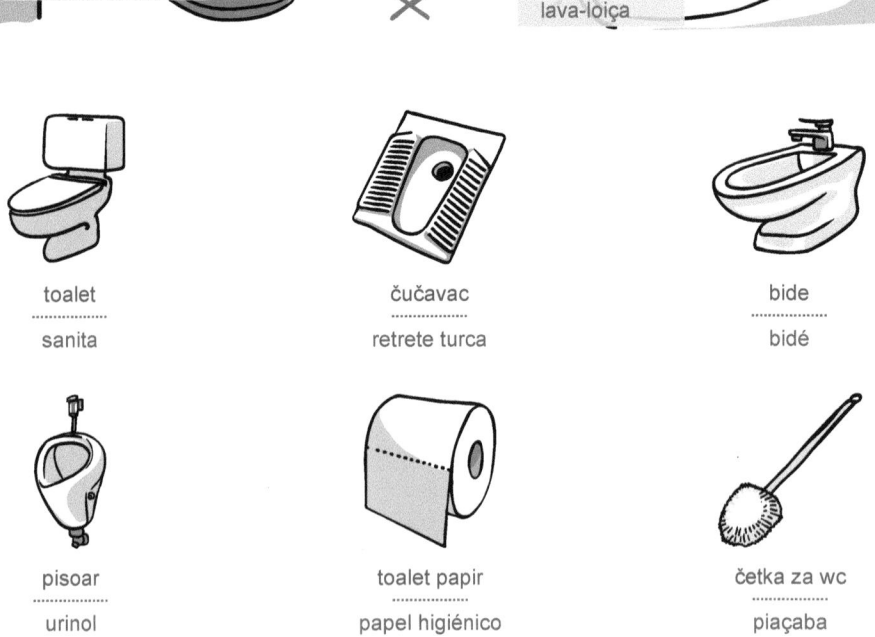

kupatilo

casa de banho

tuš
chuveiro
grijanje
aquecimento
peškir
toalha
zavjesa za tuš
cortina de chuveiro
pjenušava kupka
banho de espuma
kada
banheira
čaša
copo
mašina za veš
máquina de lavar roupa
slavina
torneira
pločice
azulejos
dječja kahlica
penico
sudoper
lava-loiça

toalet

sanita

čučavac

retrete turca

bide

bidé

pisoar

urinol

toalet papir

papel higiénico

četka za wc

piaçaba

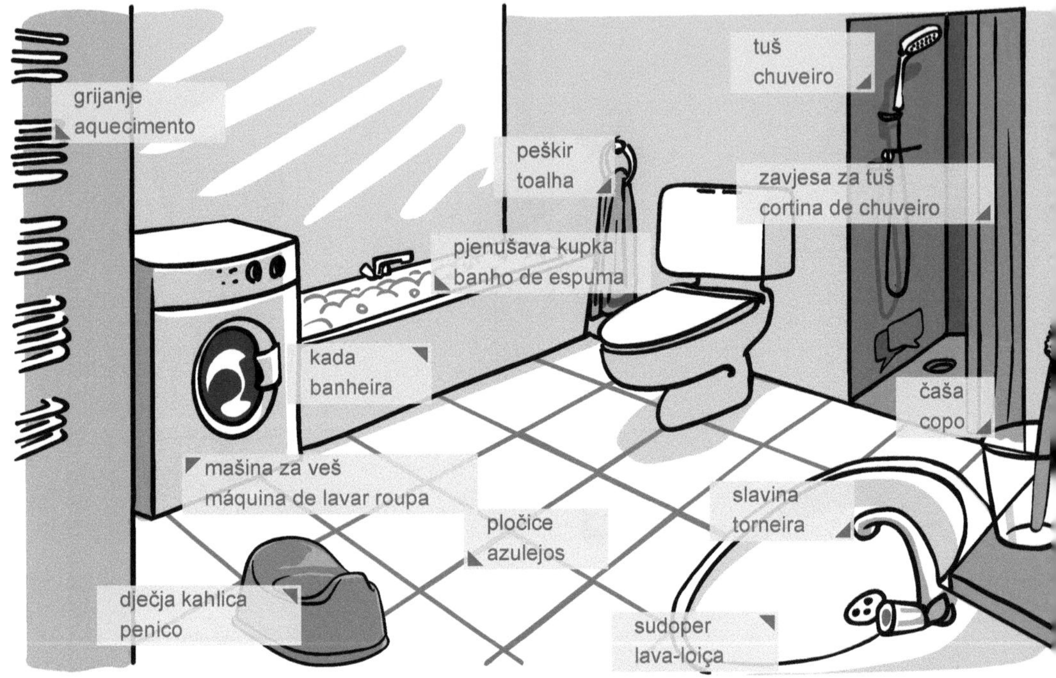

četkica za zube

escova de dentes

pasta za zube

pasta de dentes

zubni konac

fio dentário

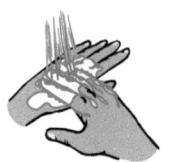

prati

lavar

tuš

chuveiro de mão

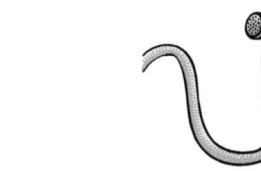

intimni tuš

duche íntimo

lavor

bacia

četka za leđa

escova para as costas

sapun

sabonete

gel za tuširanje

gel de banho

šampon

champô

krpe za pranje

toalha de rosto

odvod

escoamento

krema

creme

dezodorans

desodorizante

ogledalo

espelho

ogledalo za šminkanje

espelho de mão

brijač

máquina de barbear

pjena za brijanje

creme de barbear

vodica poslije brijanja

loção pós-barba

češalj

pente

četka

escova

fen

secador de cabelo

sprej za kosu

spray de cabelo

puder

maquilhagem

karmin

batom

lak za nokte

verniz de unhas

vata

algodão

makazice za nokte

tesoura para unhas

parfem

perfume

kozmetička torbica

nécessaire

hoklica

tamborete

vaga

balança

kupaći ogrtač

roupão de banho

rukavice za čišćenje

luvas de borracha

tampon

tampão

uložak za dame

penso higiénico

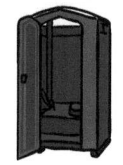

hemijski toalet

WC químico

dječija soba
quarto de criança

budilnik
despertador
plišana igračka
peluche
auto za igru
carro de brincar
zvečka
chocalho
kućica za lutke
casa de bonecas
poklon
presente

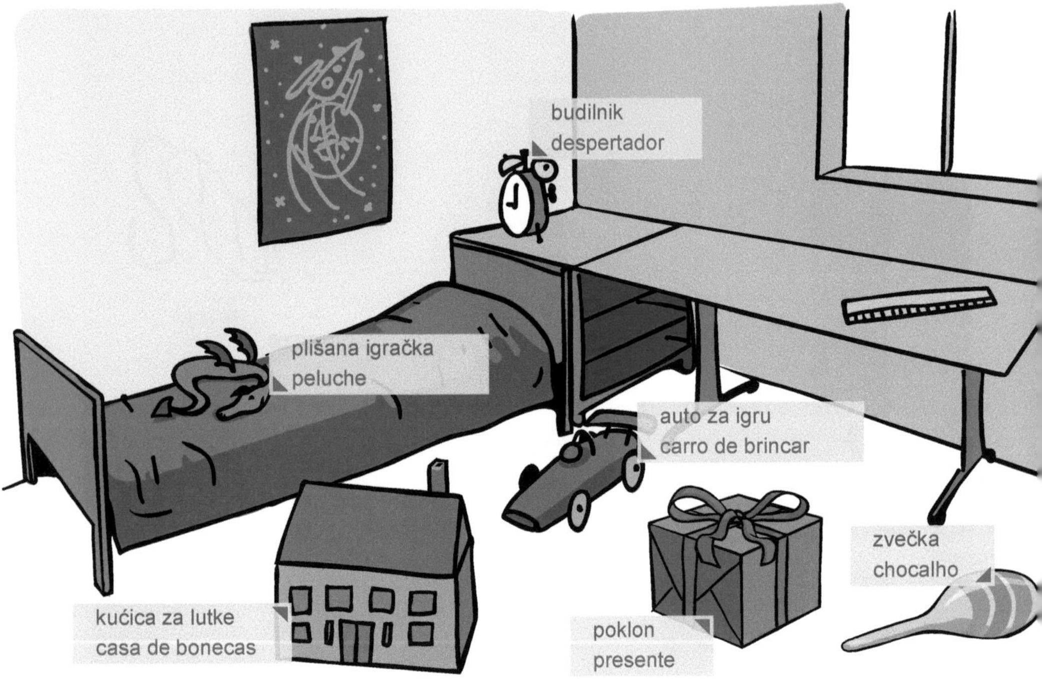

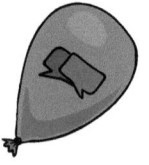

balon

balão

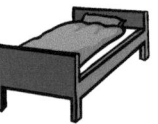

krevet

cama

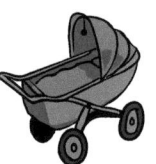

kolica za djecu

carrinho de bebé

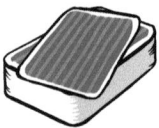

karte za igranje

jogo de cartas

puzle

quebra-cabeças

SUPER MEGA

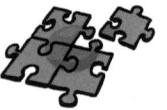

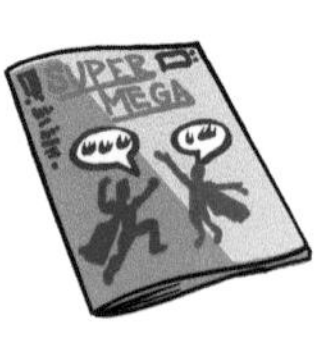

strip

banda desenhada

lego kockice

peças de Lego

kockice za gradnju

blocos de construção

akcione figure

figura de ação

benkica

fato de bebé

frizbi

Frisbee

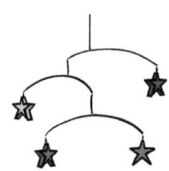

mobile

móbile para bebé

igra na ploči

jogo de tabuleiro

kocka

dados

miniatura željeznice

pista de comboio elétrico

cucla

chupeta

zabava

festa

slikovnica

livro ilustrado

lopta

bola

lutka

boneca

igrati

jogar

pješćanik

caixa de areia

ljuljačka

baloiço

igračke

brinquedos

konzola za igru

consola de jogos

triciklo

triciclo

medvjedić

ursinho de peluche

ormar

guarda-roupa

odjeća

vestuário

kratke čarape

meias

čarape

meias pelo joelho

hulahopke

meias-calças

šal
cachecol

kišobran
guarda-chuva

majica kratkih rukava
t-shirt

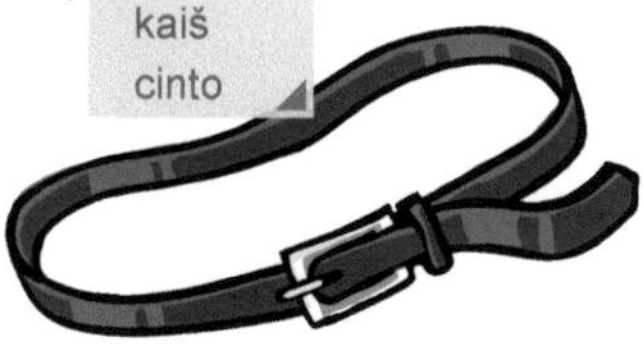

kaiš
cinto

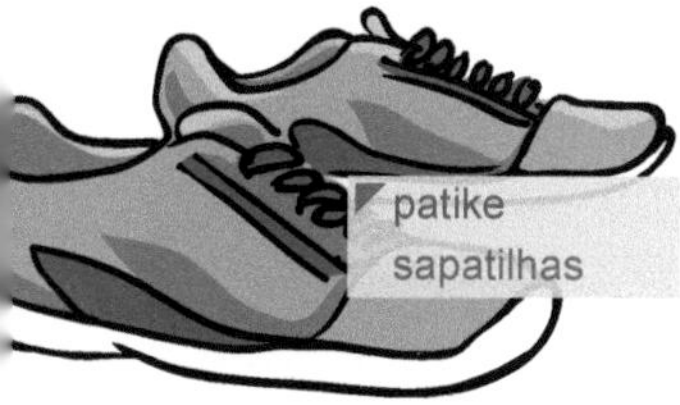

čizme
botas

papuče
chinelos

patike
sapatilhas

sandale
....
sandálias

cipele
....
sapatos

gumene čizme
....
botas de borracha

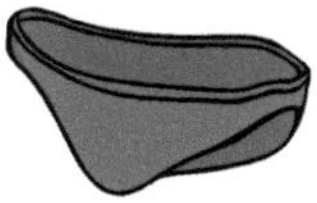

gaće
....
cuecas

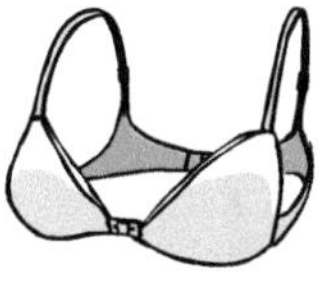

grudnjak
....
sutiã

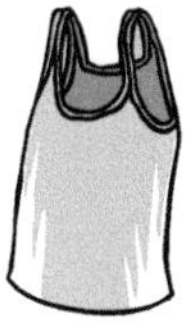

potkošulja
....
camisola interior

bodi

body

hlače

calças

farmerke

calças de ganga

suknja

saia

bluza

blusa

košulja

camisa

džemper

pulôver

majica

camisola com capuz

sako

blazer

jakna

casaco

mantil

manto

kišni mantil

gabardina

kostim

traje

haljina

vestido

vjenčanica

vestido de casamento

odijelo

fato

spavaćica

camisa de dormir

pidžama

pijama

sari

sari

marama

lenço de cabeça

turban

turbante

burka

burca

kaftan

cafetã

abaja

abaya

kupaći kostim

fato de banho

kupaće gaće

calções de banho

kratke hlače

calções

trenerka

fato de treino

pregača

avental

rukavice

luvas

dugme

botão

naočare

óculos

narukvica

pulseira

ogrlica

colar

prsten

anel

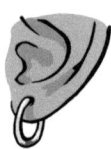

naušnica

brinco

kapa

boné

vješalica

cabide

šešir

chapéu

kravata

gravata

patentni zatvarač

fecho de correr

kaciga

capacete

tregeri za hlače

suspensórios

školska uniforma

uniforme escolar

uniforma

uniforme

odjeća - vestuário

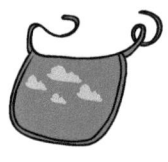

podbradak

babete

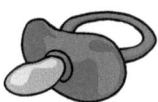

cucla

chupeta

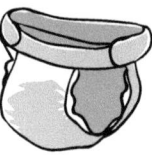

pelene

fralda

ured
escritório

server
servidor
ormar za kartoteku
armário de arquivo
papir
papel
štampač
impressora
monitor
ecrã
miš
rato
pisaći sto
secretária
registrator
pasta
tastatura
teclado
korpa za papir
cesto de lixo
kompjuter
computador
stolica
cadeira

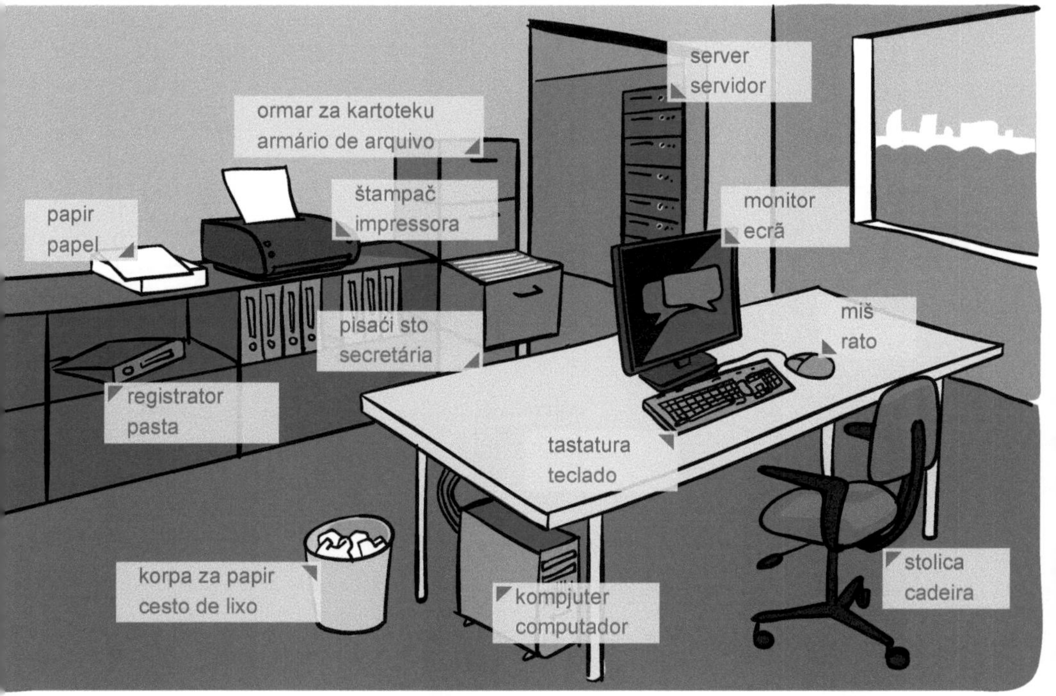

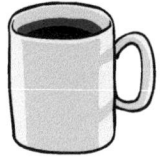

šolja za kafu

caneca de café

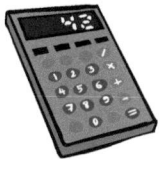

kalkulator

calculadora

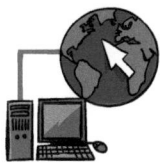

internet

internet

laptop

computador portátil

pismo

carta

poruka

mensagem

mobilni telefon

telemóvel

mreža

rede

aparat za kopiranje

fotocopiadora

softver

software

telefon

telefone

utičnica

tomada elétrica

faks

fax

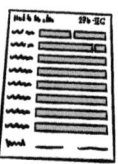

formular

formulário

dokument

documento

kupovati

comprar

platiti

pagar

trgovati

negociar

novac

dinheiro

dolar

dólar

euro

euro

jen

yen

rublja

rublo

franak

franco suíço

renminbi jen

renminbi yuan

rupi

rupia

bankomat

caixa de multibanco

mjenjačnica

casa de câmbio

zlato

ouro

srebro

prata

nafta

petróleo

energija

energia

cijena

preço

ugovor

contrato

porez

imposto

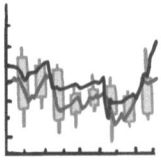

akcija

ação

raditi

trabalhar

službenik

empregado

poslodavac

entidade patronal

fabrika

fábrica

radnja

loja

zanimanja
profissões

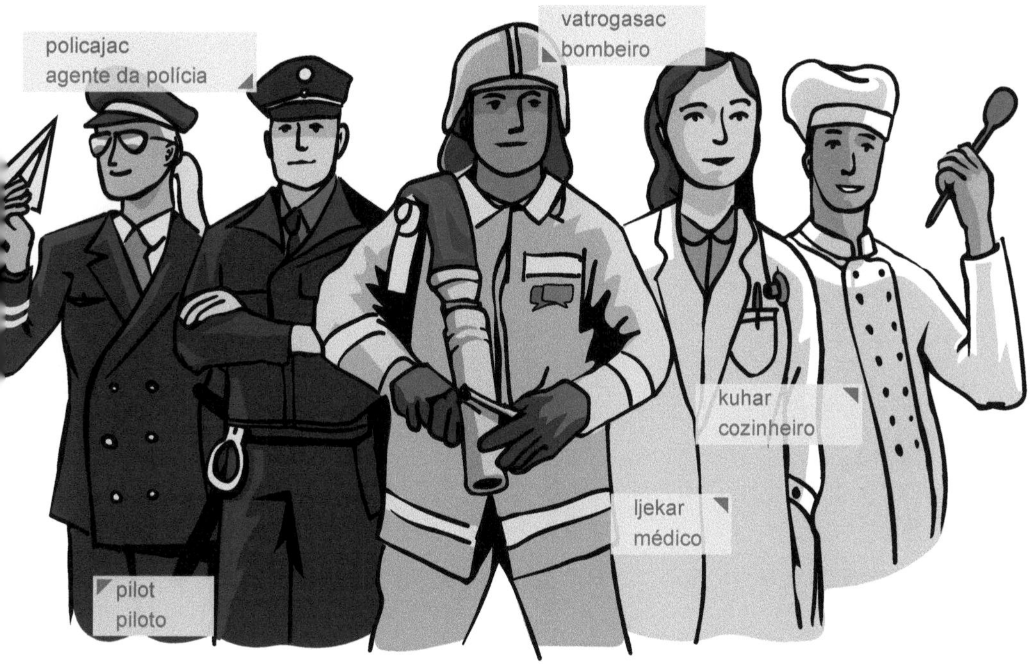
policajac
agente da polícia
vatrogasac
bombeiro
kuhar
cozinheiro
ljekar
médico
pilot
piloto

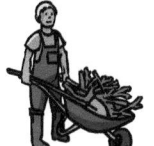

baštovan

jardineiro

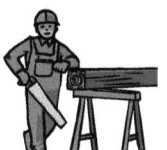

stolar

carpinteiro

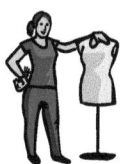

krojačica

costureira

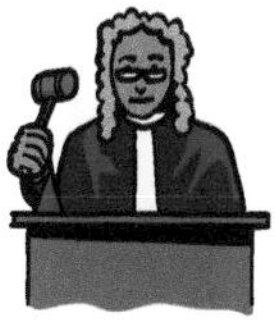

sudija

juiz

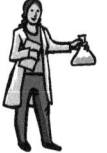

hemičar

químico

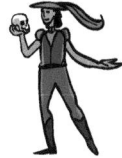

glumac

ator

vozač autobusa

motorista de autocarro

vozač taksija

motorista de táxi

ribar

pescador

čistačica

empregada de limpeza

krovopokrivač

telhador

konobar

empregado de mesa

lovac

caçador

moler

pintor

pekar

padeiro

električar

eletricista

građevinski radnik

construtor

inženjer

engenheiro

koljač

talhante

limar, vodoinstalater

canalizador

poštar

carteiro

vojnik

soldado

arhitekta

arquiteto

blagajnik

caixa

cvjećar

florista

frizer

cabeleireiro

kontrolor

controlador de bilhetes

mehaničar

mecânico

kapiten

capitão

zubar

dentista

naučnik

cientista

rabin

rabino

imam

imã

monah

monge

sveštenik

pastor

alat
ferramentas

čekić
martelo
kliješta
alicate
izvijač
chave de fendas
vijčani ključ
chave inglesa
džepna lampa
lanterna

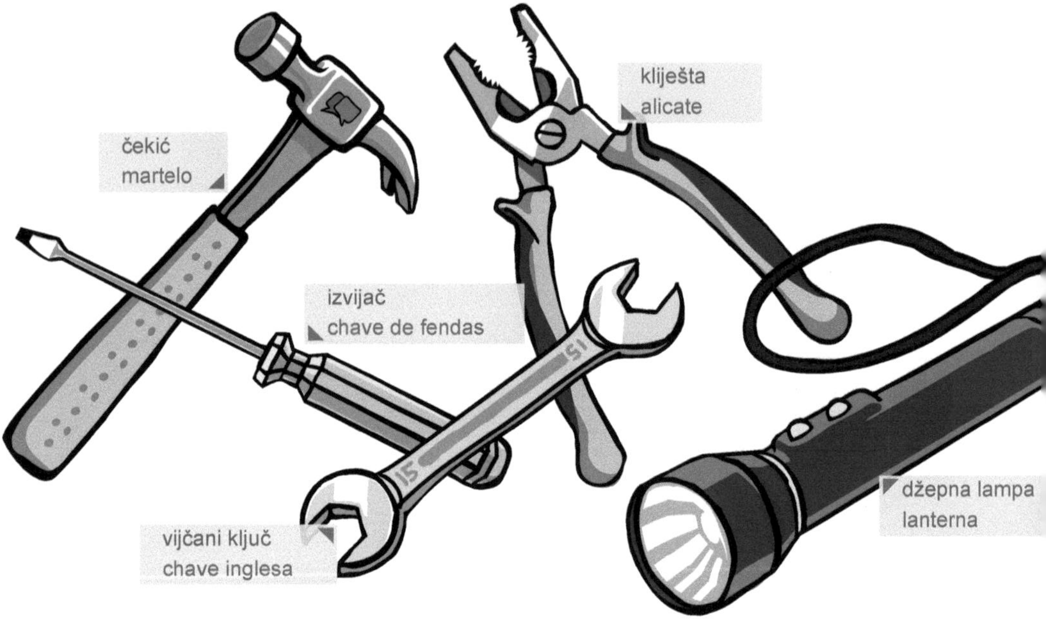

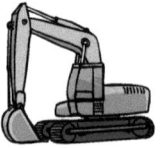

bager
escavadora

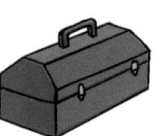

kutija sa alatom
caixa de ferramentas

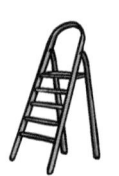

ljestve
escadote

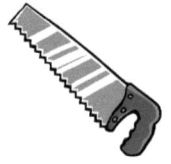

testera, pila
serra

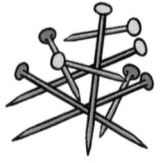

ekser
pregos

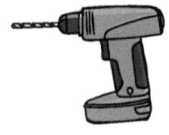

bušilica
broca

popraviti

reparar

lopata

pá

sranje!

porcaria!

lopatica

pá de lixo

kanta boje

pote de tinta

vijak

parafusos

muzički instrumenti
instrumentos musicais

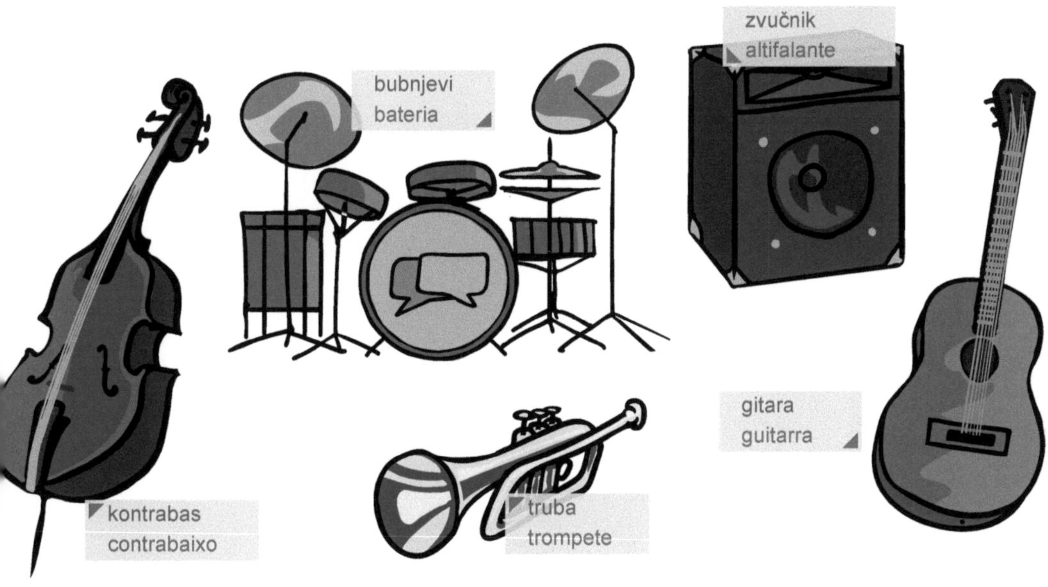

zvučnik
altifalante

bubnjevi
bateria

kontrabas
contrabaixo

truba
trompete

gitara
guitarra

klavir

piano

violina

violino

bas

baixo

bubanj timpani

timbales

bubanj

tambor

sintisajzer

teclado

saksofon

saxofone

flauta

flauta

mikrofon

microfone

zološki vrt

jardim zoológico

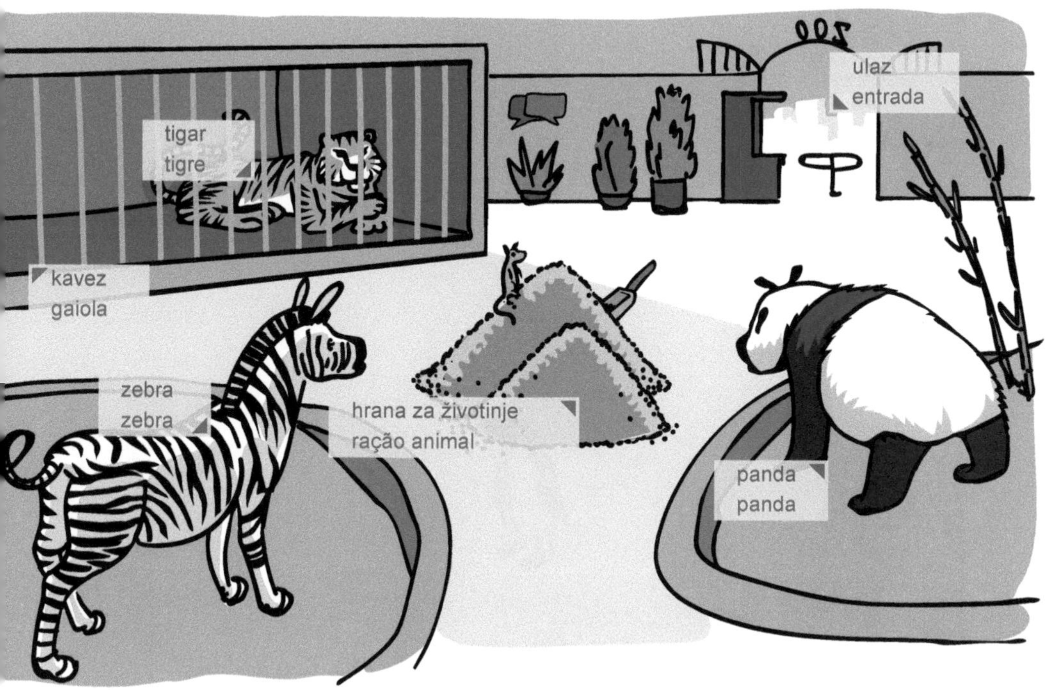

ulaz
entrada
tigar
tigre
kavez
gaiola
zebra
zebra
hrana za životinje
ração animal
panda
panda

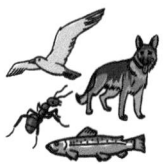

životinje

animais

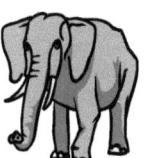

slon

elefante

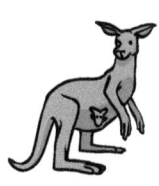

kengur

canguru

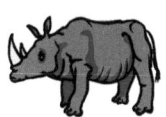

nosorog

rinoceronte

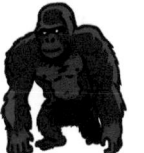

gorila

gorila

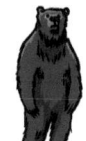

medvjed

urso

kamila

camelo

noj

avestruz

lav

leão

majmun

macaco

flamingo

flamingo

papagaj

papagaio

polarni medvjed

urso polar

pingvin

pinguim

morski pas

tubarão

paun

pavão

zmija

cobra

krokodil

crocodilo

čuvar u zološkom vrtu

guarda do jardim zoológico

tuljan

foca

jaguar

jaguar

poni
póni

leopard
leopardo

nilski konj
hipopótamo

žirafa
girafa

orao
águia

divlja svinja
javali

riba
peixe

kornjača
tartaruga

morž
morsa

lisica
raposa

gazela
gazela

americki fudbal
futebol americano

vožnja bicikla
ciclismo

tenis
ténis

košarka
basquetebol

plivanje
natação

boks
boxe

hokej na ledu
hóquei no gelo

fudbal
futebol

bedminton
badminton

laka atletika
atletismo

rukomet
andebol

skijanje
esqui

polo
polo

aktivnosti
atividades

skakati
saltar
smijati se
rir
zagrliti
abraçar
ići
andar
pjevati
cantar
sanjati
sonhar
moliti
rezar
ljubiti
beijar

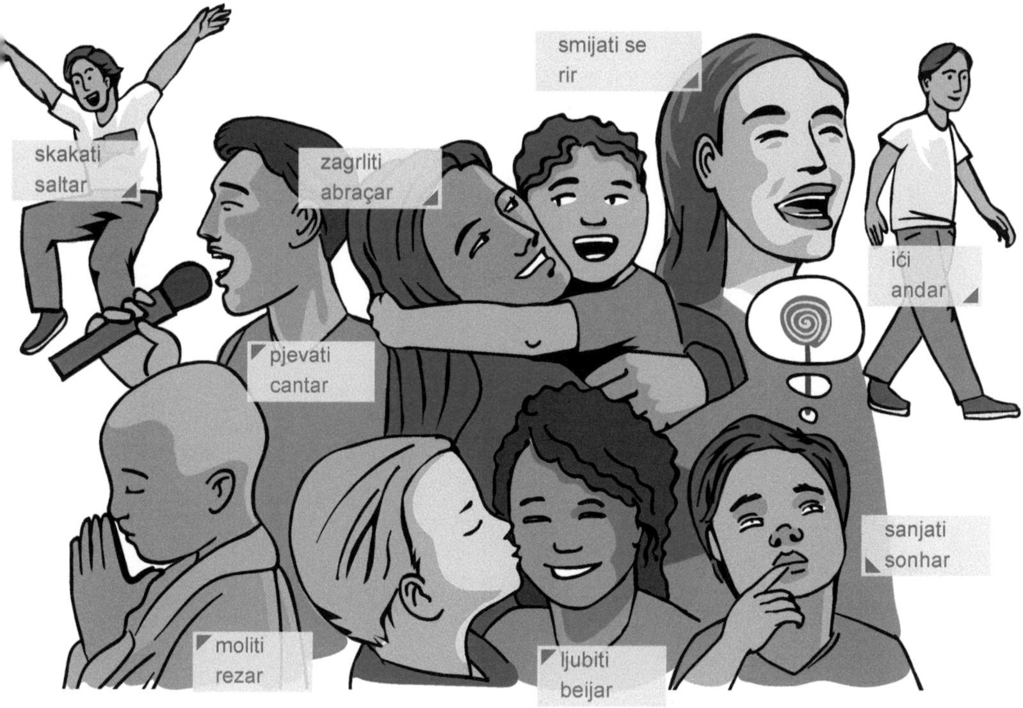

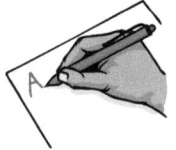

pisati

escrever

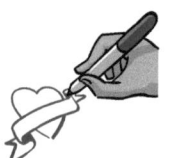

crtati

desenhar

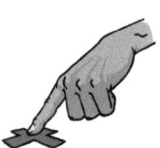

pokazati

mostrar

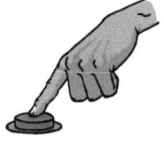

gurati

empurrar

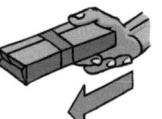

dati

dar

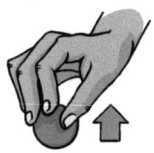

uzeti

tomar

imati
ter

raditi
fazer

biti
ser

stajati
ficar de pé

trčati
correr

vući
puxar

baciti
remessar

pasti
cair

ležati
deitar

čekati
esperar

nositi
carregar

sjediti
sentar

obući
vestir

spavati
dormir

probuditi
acordar

pogledati

olhar para

plakati

chorar

milovati

acariciar

češljati

pentear

govoriti

falar

razumjeti

compreender

pitati

perguntar

slušati

ouvir

piti

beber

jesti

comer

pospremiti

arrumar

voljeti

amar

kuhati

cozinhar

voziti

conduzir

letjeti

voar

jedriti

velejar

računati

calcular

čitati

ler

učiti

aprender

raditi

trabalhar

vjenčavti

casar

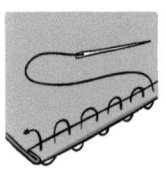

šiti

costurar

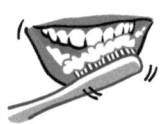

prati zube

escovar os dentes

ubiti

matar

pušiti

fumar

slati

enviar

baka
avó

djed
avô

otac
pai

majka
mãe

beba
bebé

kćerka
filha

sin
filho

gost

convidado

ujna, tetka, strina

tia

ujak, tetak, stric

tio

brat

irmão

sestra

irmã

tijelo
corpo

čelo
testa
oko
olho
leđa
ombro
prst
dedo
lice
cara
brada
queixo
ruka, šaka
mão
grudi
peito
noga
perna
ruka
braço

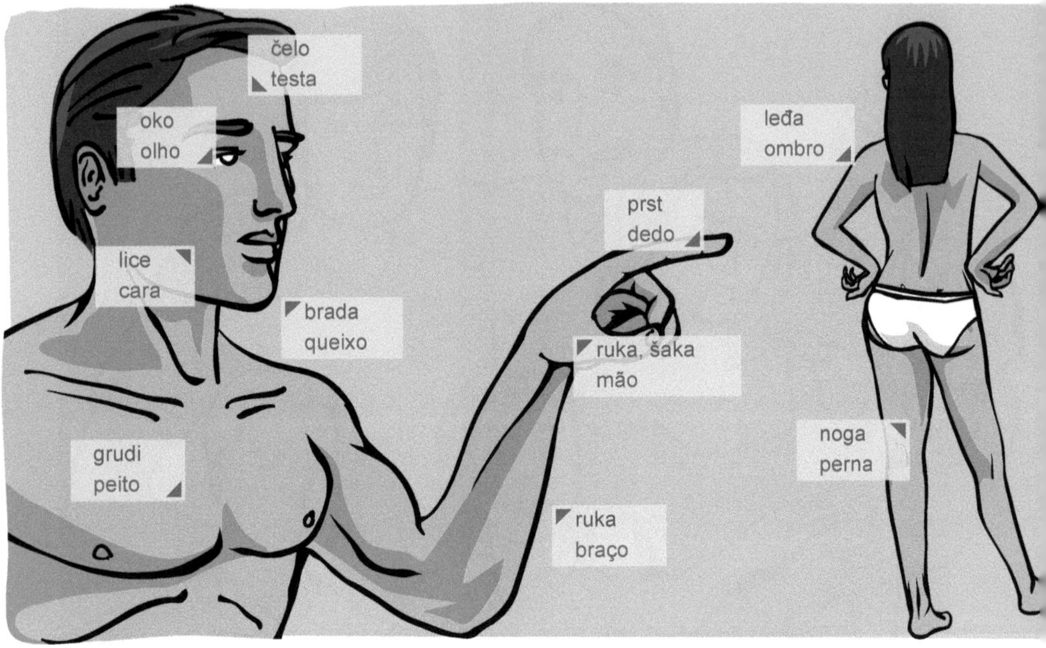

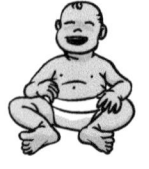

beba
bebé

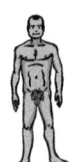

muškarac
homem

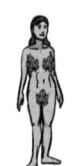

žena
mulher

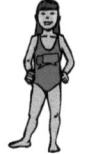

djevojčica
menina

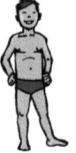

dječak
menino

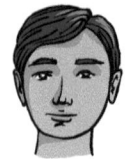

glava
cabeça

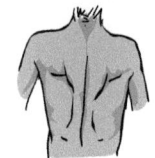

leđa

costas

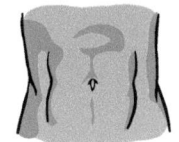

stomak

barriga

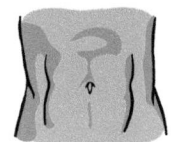

pupak

umbigo

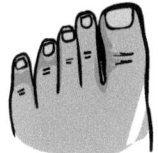

nožni prst

dedo do pé

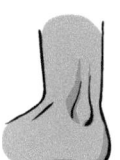

peta

calcanhar

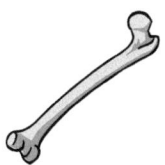

kosti

osso

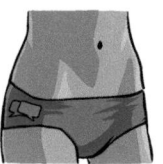

kuk

anca

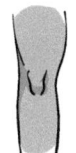

koljeno

joelho

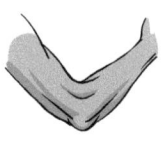

lakat

cotovelo

nos

nariz

stražnjica

nádegas

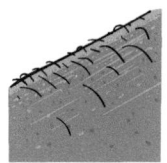

koža

pele

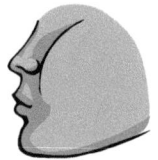

obraz

bochecha

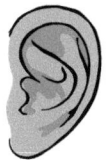

uho

orelha

usna

lábio

tijelo - corpo

usta

boca

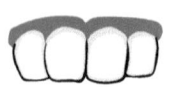

zub

dente

jezik

língua

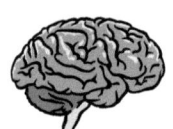

mozak

cérebro

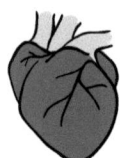

srce

coração

mišić

músculo

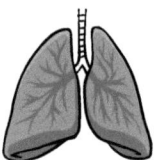

pluća

pulmão

jetra

fígado

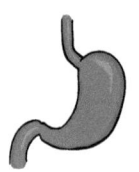

želudac

estômago

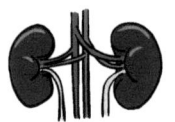

bubreg

rins

spolni odnos

relações sexuais

kondom

preservativo

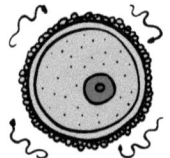

jajna ćelija

óvulo

sperma

esperma

trudnoća

gravidez

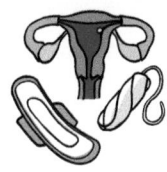

menstruacija

menstruação

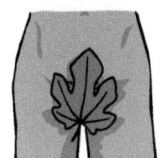

vagina

vagina

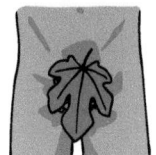

penis

pénis

obrva

sobrancelha

kosa

cabelo

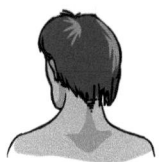

vrat

pescoço

tijelo - corpo

71

bolnica
hospital

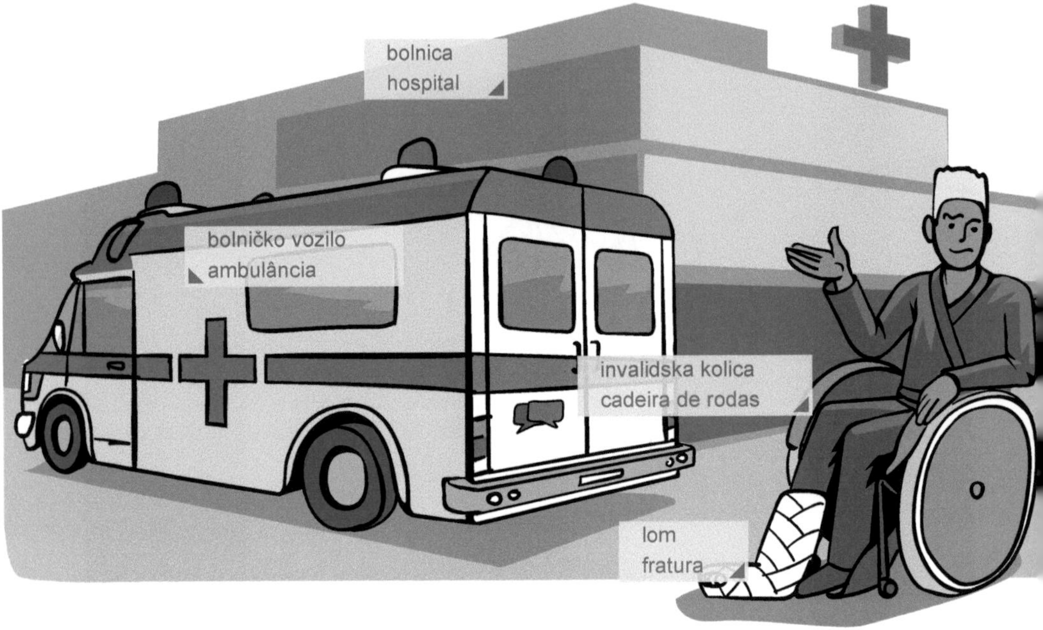

bolnica
hospital
bolničko vozilo
ambulância
invalidska kolica
cadeira de rodas
lom
fratura

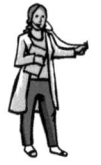

ljekar

médico

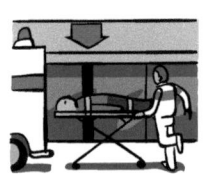

hitna služba

serviço de urgências

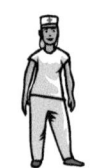

medicinska sestra

enfermeira

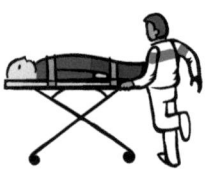

hitna pomoć

emergência

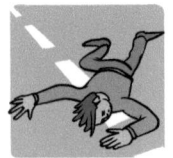

nesvjest

inconsciente

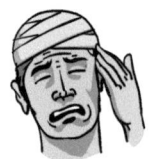

bol

dor

povreda

ferimento

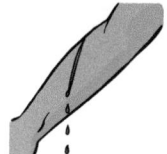

krvarenje

hemorragia

srčani udar, infarkt

ataque cardíaco

možmoždani udar

cidente vascular cerebral

alergija

alergia

kašalj

tosse

groznica

febre

gripa

gripe

proljev

diarreia

glavobolja

dor de cabeça

rak

cancro

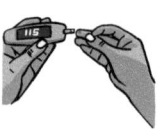

dijabetes

diabetes

hirurg

cirurgião

skalpel

bisturi

operacija

operação

CT
CT

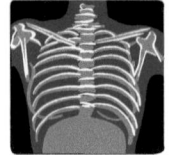

rendgen
raio x

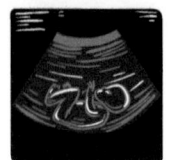

ultrazvuk
ultrassom

maska
máscara

bolest
doença

čekaonica
sala de espera

štake
muleta

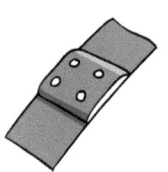

flaster
penso rápido

zavoj
ligadura

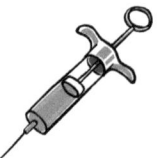

injekcija
injeção

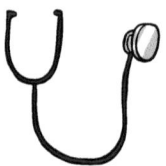

stetoskop
estetoscópio

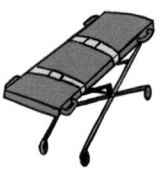

nosilo
maca

termometar
termómetro

porod
nascimento

prekomjerna težina, debljina
excesso de peso

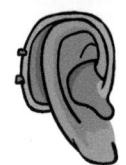

slušni aparat

aparelho auditivo

sredstvo za dezinfekciju

desinfetante

infekcija

infeção

virus

vírus

HIV/ AIDS

HIV / SIDA

medicina

medicamento

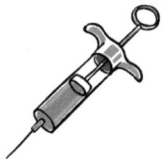

vakcinacija

vacinação

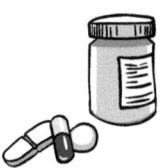

tablete

comprimidos

pilula

pílula

hitni poziv

chamada de emergência

aparat za mjerenje pritiska

dispositivo de medição de
pressão arterial

bolestan / zdrav

doente / saudável

Upomoć!

Socorro!

alarm

alarme

napad, prepad

assalto

napad

ataque

opasnost

perigo

izlaz u slučaju opasnosti

saída de emergência

Požar!

Fogo!

vatrogasni aparat

extintor de incêndios

nezgoda

acidente

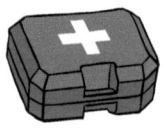

torba prve pomoći

estojo de primeiros socorros

SOS

SOS

policija

polícia

Europa

Europa

Sjeverna Amerika

América do Norte

Južna Amerika

América do Sul

Afrika

África

Azija

Ásia

Australija

Austrália

Atlantik

Atlântico

Pacifik

Pacífico

Indijski okean

Oceano Índico

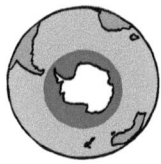

Antarktički okean

Oceano Antártico

Arktički okean

Oceano Ártico

Sjeverni pol

Polo Norte

Južni pol
Polo Sul

Antarktik
Antártica

Zemlja
terra

zemlja
país

more
mar

ostrvo
ilha

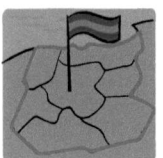

nacija
nação

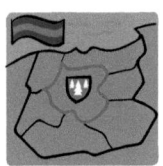

država
estado

brojčanik sata

mostrador do relógio

kazaljka sata

ponteiro das horas

kazaljka minute

ponteiro dos minutos

kazaljka sekunde

ponteiro dos segundos

Koliko je sati?

Que horas são?

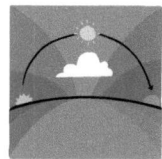

dan

dia

vrijeme

tempo

sada

agora

digitalni sat

relógio digital

minuta

minuto

sat

hora

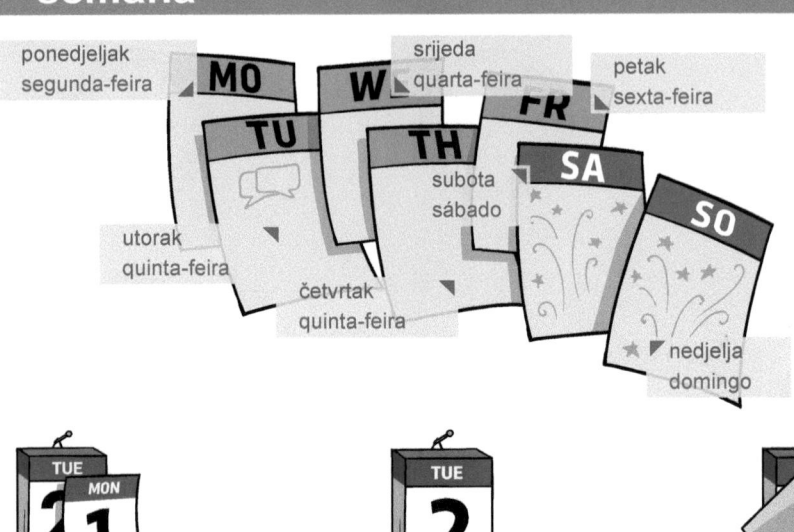

ponedjeljak
segunda-feira

srijeda
quarta-feira

petak
sexta-feira

utorak
quinta-feira

subota
sábado

četvrtak
quinta-feira

nedjelja
domingo

juče
ontem

danas
hoje

sutra
amanhã

jutro
manhã

podne
meio-dia

veče
entardecer

radni dani
dias úteis

vikend
fim de semana

godina
ano

kiša
chuva
duga
arco-íris
vjetar
vento
snijeg
neve
proljeće
primavera
jesen
outono
ljeto
verão
zima
inverno

4.APRIL 11°
5.APRIL 4°
6.APRIL 13°
7.APRIL 8°
8.APRIL 10°

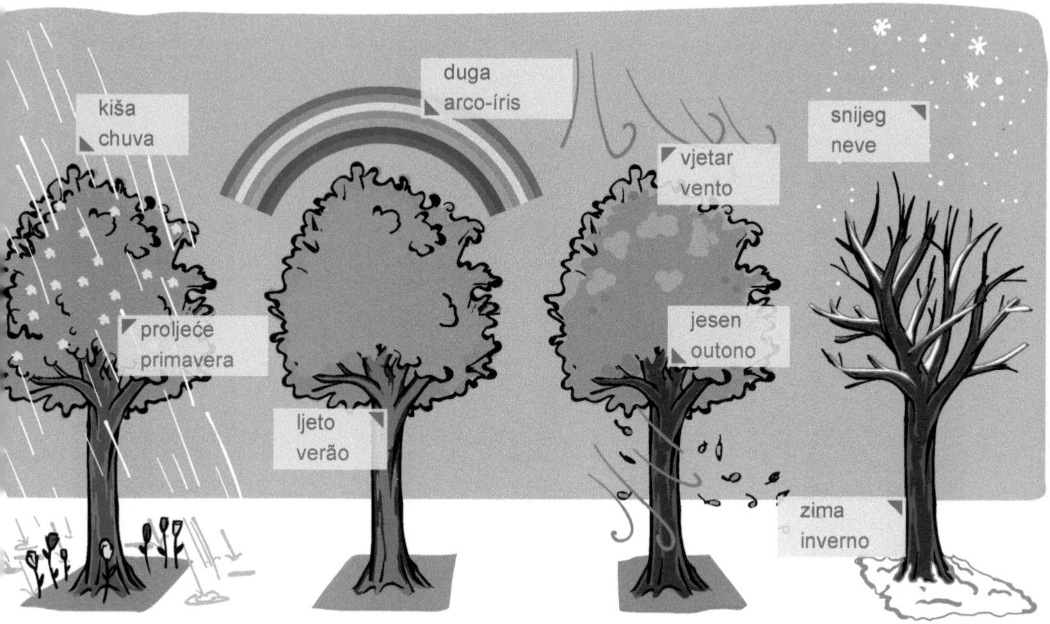

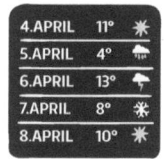

prognoza vremena

previsão do tempo

F C
120 90 60 30 0 -30
40 30 20 10 0 -10 -20

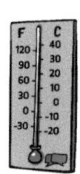

termometar

termómetro

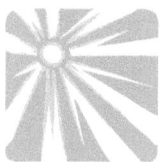

sunčev sjaj

raios de sol

oblak

nuvem

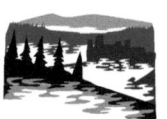

magla

neblina / nevoeiro

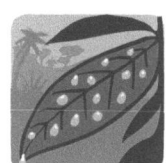

vlažnost vazduha

humidade do ar

munja

relâmpago

grom

trovão

oluja

tempestade

tuča, led

granizo

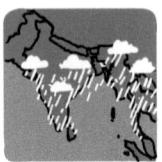

monsun

monção

poplava

inundação

led

gelo

januar

janeiro

februar

fevereiro

mart

março

april

abril

maj

maio

juni

junho

juli

julho

avgust

agosto

septembar
setembro

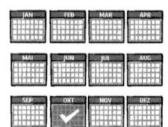

oktobar
outubro

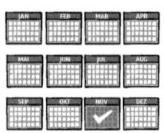

novembar
novembro

decembar
dezembro

oblici
formas

krug
círculo

kvadrat
quadrado

pravougao
retângulo

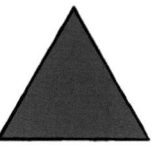

trougao
triângulo

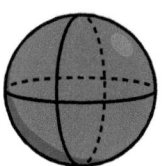

kugla
esfera

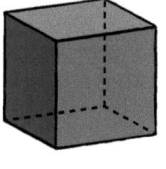

kocka
cubo

bjel
....
branco

žut
....
amarelo

narandžast
....
laranja

pink
....
rosa

crven
....
vermelho

ljubičast
....
lilás

plav
....
azul

zelen
....
verde

smeđ
....
castanho

siv
....
cinzento

crn
....
preto

malo / mnogo

muito / pouco

ljutit / miran

furioso / calmo

lijep / ružan

lindo / feio

početak / kraj

princípio / fim

veliki / mali

grande / pequeno

svijetlo / tamno

claro / escuro

brat / sestra

irmão / irmã

čist / prljav

limpo / sujo

potpun / nepotpun

completo / incompleto

dan / noć

dia / noite

mrtav / živ

morto / vivo

široko / usko

largo / estreito

ukusno / neukusno

comestível / não comestível

zao / prijatan

mau / gentil

uzbuđen / dosadan

entusiasmado / entediado

debeo / mršav

gordo / magro

najprije / najkasnije

primeiro / último

prijatelj / neprijatelj

amigo / inimigo

pun / prazan

cheio / vazio

trvd / mekan

duro / macio

težak / lagan

pesado / leve

glad / žeđ

fome / sede

bolestan / zdrav

doente / saudável

ilegalan / legalan

ilegal / legal

inteligentan / glup

inteligente / burro

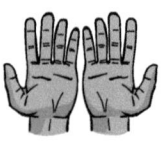

lijevo / desno

esquerda / direita

blizu / daleko

perto / longe

nov / polovan

novo / usado

ništa / nešto

nada / algo

star / mlad

velho / jovem

uključeno / isključeno

ligado / desligado

otvoreno / zatvoreno

aberto / fechado

tiho / glasno

baixo / alto

bogat / siromašan

rico / pobre

tačno / pogrešno

certo / errado

hrapav / glatak

áspero / liso

tužan / srećan

triste / feliz

kratak / dug

curto / longo

spor / brz

lento / rápido

mokro / suho

molhado / seco

toplo / hladno

ameno / fresco

rat / mir

guerra / paz

0	**1**	**2**
nula	jedan	dva
zero	um	dois

3	**4**	**5**
tri	četiri	pet
três	quatro	cinco

6	**7**	**8**
šest	sedam	osam
seis	sete	oito

9	**10**	**11**
devet	deset	jedanaest
nove	dez	onze

12

dvanaest

doze

13

trinaest

treze

14

četrnaest

catorze

15

petnaest

quinze

16

šesnaest

dezasseis

17

sedamnaest

dezassete

18

osamnaest

dezoito

19

devetnaest

dezanove

20

dvadeset

vinte

100

sto

cem

1.000

hiljada

mil

1.000.000

milion

milhão

engleski

inglês

američki engleski

inglês americano

kinesko mandarinski

chinês mandarim

hindi

hindi

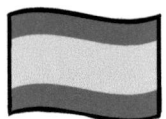

španski

espanhol

francuski

francês

arapski

árabe

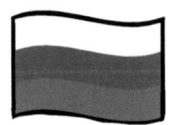

ruski

russo

portugalski

português

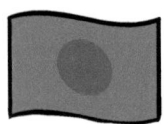

bengalski

bengalês

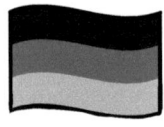

njemački

alemão

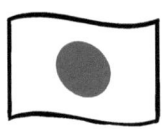

japanski

japonês

ja
eu

ti
tu

on / ona / ono
ele / ela

mi
nós

vi
vós

oni
eles / elas

ko?
quem?

šta?
o quê?

kako?
como?

gdje?
onde?

kada?
quando?

ime
nome

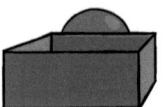

iza
atrás

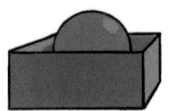

u
em

pred
à frente de

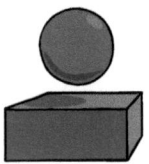

iznad
sobre

na
em cima

ispod
debaixo

pored
ao lado

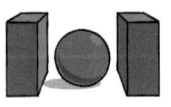

između
entre

mjesto
lugar